LEKTÜRE HILFE

Der Menschenfeind

Molière

LEKTÜRE HILFE

Der Menschenfeind

Molière

Verfasst von Marie-Charlotte Schneider
und Lucile Lhoste
Übersetzt von Mareike Lobeck

DER QUERLESER

DER QUERLESER

Auf derQuerleser.de findest Du:
Zahlreiche verständliche und detaillierte Lektürehilfen in Nullkommanichts in digitaler Version oder als Taschenbuch.

MOLIÈRE

FRANZÖSISCHER BÜHNENAUTOR, SCHAUSPIELER UND THEATERDIREKTOR

- **Geboren 1622 in Paris**
- **Gestorben 1673 ebenfalls in Paris**
- **Einige seiner Werke:**
  - *Don Juan* (1665), Komödie
  - *Der Geizige* (1668), Komödie
  - *Der Bürger als Edelmann* (1670), Comédie-ballet

Molière, dessen richtiger Name Jean-Baptiste Poquelin lautet und der gleichzeitig als Autor, Theaterdirektor und Schauspieler tätig war, stammt aus einer angesehenen Familie und wurde 1622 in Paris geboren. Er begann früh, sich für das Theater zu interessieren, und gründete mit der Schauspielerin Madeleine Béjart (1618-1672) die Theatergruppe *L'Illustre Théâtre*. Nach zwölf Wanderjahren mit der Schauspieltruppe, kehrte er nach Paris zurück, wo auch König Ludwig XIV.

(1638-1715) auf ihn aufmerksam wurde und ihn mit dem Schreiben von Bühnenstücken beauftragte.

Hauptsächlich schrieb er Komödien, die auf humorvolle Weise die schlechten Eigenschaften der damaligen Gesellschaft, wie Arroganz, Besserwisserei und Geiz, ans Licht brachten. Darüber hinaus kritisierte er zahlreiche Aspekte der Gesellschaft des 17. Jahrhunderts: autoritäre Väter, die gespielte Frömmigkeit mancher Bürger, Quacksalber-Ärzte, etc. Molières Stücke sind auch heute noch äußerst bedeutend in der Theater- und Literaturwelt und er ist unbestreitbar einer der wichtigsten Autoren der Klassik.

DER MENSCHENFEIND

EINE KRITIK AM HÖFISCHEN VERHALTEN

- **Textgattung:** Komödie
- **Herangezogene Ausgabe:** Molière, Jean-Baptiste: *Der Misanthrop*. Aus dem Französischen von Ludwig Fulda. J.G. Cotta'sche Buchhandlung: 1921.
- **Erstausgabe:** 1666
- **Themen:** Liebe, Aufrichtigkeit, Sitten und Gebräuche, sich Verstellen, Heuchelei, Unentschlossenheit

Der Menschenfeind (in einigen Übersetzungen auch *Der Misanthrop*) ist eine von Molières zahlreichen Komödien. Der Fünfakter wurde 1666 im *Théâtre du Palais-Royal* uraufgeführt, erfuhr damals allerdings keinen so großen Erfolg, wie der, der ihr später zuteilwerden sollte. Das könnte daran liegen, dass *Der Menschenfeind* für eine Komödie von Molière ungewöhnlich düster ist. Er erzählt darin von den heuchlerischen Verhaltensweisen bei Hofe, wo sich der misanthropische Alcest für Aufrichtigkeit und Ehrlichkeit einsetzt.

INHALTSANGABE

Erster Auftritt

In der Exposition beschwert sich Alcest über die Unaufrichtigkeit seines Freundes Philint, der Menschen, die er nicht ausstehen kann, wie Freunde behandelt. Sie diskutieren über Heuchelei, wobei Philint der Meinung ist, dass man sich an die Gepflogenheiten der Zeit zu halten habe, während Alcest für unbedingte Ehrlichkeit ist. Philint weist darauf hin, dass Alcest, der sich doch so der Aufrichtigkeit verschrieben hat, trotzdem in die für ihre Falschheit bekannte Hofdame Celimene verliebt ist.

Zweiter Auftritt

Oront sucht Alcest auf, um ihm ein selbstgeschriebenes Sonett zu überreichen, und verhält sich äußerst zuvorkommend. Anders als Philint steigt Alcest nicht in die Heuchelei ein und kritisiert Oronts Gedicht frei heraus. Dieser würde sich mit zu vielen Abschweifungen und rhetorischen Figuren von der einfachen Wahrheit entfernen. Die beiden Männer geraten in einen Streit, schließlich greift Philint jedoch ein.

Dritter Auftritt

Alcest wirft Philint erneut dessen fehlende Aufrichtigkeit vor, während dieser ihn für das Gegenteil kritisiert.

ZWEITER AKT

Erster Auftritt

Alcest besucht seine Geliebte Celimene. Er wirft ihr vor, sich zu vielen Männern gegenüber freundlich zu zeigen, und schwört ihr, dass nur er sie wirklich liebe. Celimene betont jedoch, dass man ihr nicht vorwerfen könne, geliebt zu werden, und dass sie sich schlecht dem höfischen Leben entziehen könne.

Zweiter, dritter und vierter Auftritt

Celimenes Diener meldet die Ankunft von Clitander. Obwohl Alcest noch anwesend ist, lässt sie ihn hereinbitten, was Alcest nicht gefällt. Als die junge Frau ihre Entscheidung dennoch nicht ändert, sagt Alcest, lieber gehen zu wollen.

Fünfter Auftritt

Schließlich beschließt Alcest, doch zu bleiben, um die Angelegenheit mit seinem Rivalen Clitander zu klären. Dieser erscheint mit einer Gruppe Höflinge, darunter auch Philint. Celimene beginnt, von ihren Zuhörern ermuntert, an jedem Kritik zu üben, dessen Name von den Anwesenden genannt wird. Alcest verärgert dies, da Celimene den jeweiligen Personen dies niemals ins Gesicht sagen würde. Celimene wirft Alcest daraufhin seine Streitlust vor, er wiederum entgegnet, dass Aufrichtigkeit für Liebe unerlässlich sei. Celimenes Cousine Eliante bekräftigt, dass in der Liebe alle Fehler des anderen verschwänden. Um das Gespräch zu beenden, schlägt Celimene schließlich vor, einen Spaziergang zu machen, dem alle zustimmen.

Sechster und siebter Auftritt

Celimenes Diener meldet, dass ein Bote Alcest zu sehen wünscht, und lässt ihn eintreten. Der Bote warnt Alcest vor, dass Oront ihn anklagen will, weil er sein Gedicht kritisiert hat. Alcest bekräftigt, sich wie gewünscht ins Marschallamt zu begeben, sagt jedoch auch, dass nur eine Anordnung des Königs ihn dazu bewegen könne, seine Worte zurückzunehmen.

DRITTER AKT

Erster Auftritt

Die Marquis Acast und Clitander sprechen darüber, wie ihr Verhältnis zu Celimene aussieht. Acast glaubt, dass sie sich vor allem von ihm angezogen fühlt, ohne dies jedoch begründen zu können.

Zweiter und dritter Auftritt

Celimene betritt den Raum und ist über die Anwesenheit der Marquis verwundert. Ihr Diener meldet die Ankunft ihrer Freundin Arsinoë, wobei weder sie noch die beiden Marquis diese sehen wollen. Sie beschuldigen Arsinoë, ihre Einsamkeit hinter einer prüden Fassade zu verstecken.

Vierter Auftritt

Die Marquis haben sich verabschiedet. Arsinoë erklärt, dass sie gekommen sei, um Celimene vor den Gerüchten über sie zu warnen, sie führe ein unehrenhaftes Leben. Celimene wirft ihr daraufhin vor, ihre Tugend nur vorzuspielen. Der Streit zwischen den beiden Frauen eskaliert immer weiter, bis Arsinoë vorschlägt, das Gespräch zu beenden. Celimene verlässt den Raum und lässt ihre Freundin mit Alcest zurück.

Fünfter Auftritt

Arsinoë freut sich, Alcest zu sehen und macht ihm Komplimente. Dieser weist jedoch alles Lob, das er seiner Meinung nach nicht verdient, zurück. Arsinoë beglückwünscht ihn zu der Entscheidung, sich vom Hof fernzuhalten, woraufhin Alcest ihr antwortet, dass es in seinem Wesen liege, ehrlich zu sein und die Welt zu meiden. Arsinoë beschuldigt Celimene, ihre Liebe für Alcest nur vorzuspielen, dieser will dem Vorwurf jedoch ohne Beweis keinen Glauben schenken.

Erster Auftritt

Philint erzählt Eliante, wie sich das Gespräch zwischen Alcest und Oront im Marschallamt zugetragen hat. Alcest wollte seine Kritik an Oronts Gedicht zwar nicht zurücknehmen, gab jedoch zu, dass die schlechte Qualität der Reime dem Ruf des Edelmanns nicht schaden würden. Eliante und Philint unterhalten sich anschließend über Alcests Gefühle für Celimene und seine Freude am Widersprechen, die durch seine heftige Abneigung gegen Heuchelei verstärkt wird. Philint betont, dass Eliante eine weit vernünftigere Wahl für Alcest wäre, diese antwortet jedoch, dass Vernunft keinen Einfluss auf die Gefühle habe.

Zweiter Auftritt

Alcest erzählt Eliante und Philint von Celimenes Verrat. Sie hat einen Brief an Oront geschrieben, der Alcest später zugespielt wurde. Um sich für die Kränkung zu rächen, macht Alcest Eliante einen Heiratsantrag. Sie rät ihm jedoch, nichts zu überstürzen.

Dritter Auftritt

Alcest konfrontiert Celimene mit dem Brief, den er erhalten hat. Sie bestreitet nicht, ihn geschrieben zu haben, behauptet aber, dass er sich nicht an Oront richte, sondern ebenso einer Frau gelten könne. Schließlich gibt sie es auf, sich zu rechtfertigen, und sagt Alcest, dass er glauben könne, was er wolle, dass er sie jedoch, wenn er ihr nicht vertraue, nicht liebe würde.

Vierter Auftritt

Alcests Diener erscheint, um Alcest mitzuteilen, dass er eine Nachricht und eine Warnung vor großer Gefahr erhalten habe und dass sie fliehen müssen.

FÜNFTER AKT

Erster Auftritt

Verärgert über die Sitten seiner Zeit, wegen derer er vermutlich für seine Ehrlichkeit angeklagt wird, erklärt Alcest Philint, dass er sich zurückziehen will. Sein Freund versucht vergeblich, ihn von seiner Entscheidung abzubringen. Alcest wartet auf den Besuch von Celimene, um sie zu bitten, mit ihm zu gehen.

Zweiter Auftritt

Alcest und Oront versuchen, Celimene dazu zu bringen, zwischen den beiden Rivalen eine Wahl zu treffen. Unter dem Vorwand, keinen von ihnen öffentlich bloßstellen zu wollen, weigert sie sich jedoch, zu antworten.

Dritter Auftritt

Celimene bittet Eliante sie darin zu bestärken, dass man eine solche Entscheidung nicht in aller Öffentlichkeit fälle. Sie verweigert weiterhin die Antwort, woraufhin die beiden Rivalen die Geduld verlieren.

Vierter Auftritt

Clitander und Acast kommen hinzu, beide mit einem Brief, in dem sich Celimene über Oront und Alcest lustig macht. Trotz der Kränkung bietet letzterer Celimene an, sich mit ihm aus dem höfischen Leben zurückzuziehen. Sie lehnt das Angebot wegen der unsicheren Situation jedoch ab. Alcest beschließt, alleine aufzubrechen, und beendet das Verhältnis mit Celimene. Zur gleichen Zeit beschließen Philint und Eliante zu heiraten und folgen ihrem Freund, um ihn von seiner Entscheidung abzubringen.

PERSONENANALYSE

ALCEST

Alcest ist ein Mann von einem gewissen Stand. Der Misanthrop ist von Ehrlichkeit und Aufrichtigkeit geradezu besessen und kann jegliche Art der Heuchelei nicht ausstehen. Dadurch bringt sich Alcest in seinem affektierten Umfeld immer wieder in unangenehme Situationen. Die gesellschaftlichen Konventionen seiner Zeit schreiben eine gewissen Form der Höflichkeit vor, da gutes Benehmen vor die eigenen Gefühle gestellt wird.

Alcest zufolge liegt in diesen Konventionen das größte Laster seiner Zeit. Alcests Einstellung zu Ehrlichkeit führt dazu, dass er sich von den anderen Charakteren fernhält, da er mit Personen, die seine Aufrichtigkeit nicht teilen, nichts zu tun haben will. Je nachdem, mit wem er sich unterhält, ändert sich jedoch seine Einstellung zu zwischenmenschlichen Beziehungen:

- Celimene ist die einzige Person, zu der er Kontakt haben will. Ihr Verhalten entspricht jedoch nicht im Entferntesten seinem Streben nach Wahrheit und Aufrichtigkeit. Bis zum Schluss und trotz ihres Verrats, hört er nicht auf, sie zu lieben.

- Philint ist ein Freund von Alcest. Allerdings kann dieser die Freundschaft nur schwer ernst nehmen, da Philint Personen, die er offensichtlich nicht mag, genauso behandelt wie seine Freunde. Dennoch ist Philint einer der wenigen, der Alcest bis zum Schluss unterstützt.
- Eliante ist die Frau, die Alcest Philint zufolge heiraten sollte. Alcest ist jedoch erst an ihr interessiert, als er sich an Celimene für ihren Verrat rächen will.
- Oront ist einer von Alcests Rivalen um Celimenes Liebe. Alcest hat an ihm an sich nichts auszusetzen, spricht ihm jedoch jegliches literarische Talent ab. Sein Ausdruck ist ihm zufolge nicht einfach genug und hat keinen Bezug zur Wirklichkeit. Alcest ist ziemlich vor den Kopf gestoßen, als er erfährt, dass auch Oront ein Rivale im Ringen um Celimenes Liebe ist.

Es besteht also ein Widerspruch zwischen Alcests Überzeugungen und seinem gewählten

Umfeld. So weist er beispielsweise Philints Freundschaft zurück, weil er ihm einen Mangel an Aufrichtigkeit vorwirft, ist aber in Celimene verliebt, die heuchlerischste Person des ganzen Stücks.

CELIMENE

Die junge adlige Witwe Celimene ist Alcests Geliebte, verkörpert jedoch völlig gegenteilige Wertvorstellungen. Im Gegensatz zu Alcest befolgt sie durch ihre Heuchelei und das Lästern die höfischen Konventionen.

Celimene nimmt die gängigen Verhaltensweisen jedoch nicht nur hin, sie findet auch großen Gefallen an ihnen und treibt sie auf die Spitze – wofür sie alle bis auf Alcest bewundern. Alle Figuren kreisen um die junge Frau. Ihre Bewunderer finden jedoch schließlich heraus, dass sie sich ihnen gegenüber genauso falsch verhalten hat wie gegenüber allen anderen. Doch selbst als sie in Ungnade fällt, will sie sich nicht mit Alcest vom Hofe zurückziehen. Das gesellschaftliche Leben des höheren Standes ist ihr ganzer Lebensinhalt.

PHILINT

Philint ist ein Freund von Alcest und scheint gemeinsam mit Eliante der Einzige zu sein, dem wirklich etwas an ihm liegt. Philint teilt weder Alcests Sicht auf Umgangsformen, noch die von Celimene. Dass er die gesellschaftlichen Gepflogenheiten befolgt, heißt jedoch nicht, dass er daran Gefallen findet oder sich daraus eigene Vorteile erhofft. Vielmehr ist sich Philint der herrschenden Konventionen bewusst, die man befolgen sollte, um in dieser Welt zu überleben. Er versucht Alcest auch vor den Konsequenzen seiner übermäßigen Ehrlichkeit zu warnen, gerade als dieser Oronts Sonett kritisiert. Mehr als die anderen Figuren scheint Philint Ehrlichkeit als eine Tugend anzusehen – er erkennt jedoch auch, dass sie im Übermaß gefährlich sein kann. Philint verliebt sich in Eliante und heiratet sie schließlich.

ELIANTE

Eliante ist Celimenes Cousine. Sie steht für das Gute in diesem Stück, was sich sowohl in ihrer Sicht auf die Liebe als auch in der Missbilligung des Verhaltens ihrer Cousine zeigt.

Philint und sie haben in etwa die gleiche Funktion wie der Chor im antiken Drama. Sie kommentieren mehrfach die Handlung, kritisieren nur leicht und bangen um das Schicksal, das ihrem Freund Alcest blühen könnte.

ORONT

Oront ist ein Edelmann und ebenfalls einer von Celimenes Geliebten, was ihn zu einem Rivalen von Alcest macht. Er hält sich für einen großen Dichter, weswegen er, wenn er nach einer ehrlichen Meinung fragt, ausschließlich Lob erwartet. Seine Begegnungen mit Alcest, der sich den Gesetzen der Heuchler nicht unterwerfen will, zeugen immer von einer gewissen Komik.

ARSINOË

Arsinoë ist eine Hofdame. Obwohl sie keine große Rolle im Stück ist, führt sie die Handlung weiter. Sie ist in Alcest verliebt und versucht ihn durch Schmeichelei und Tücke von Celimene wegzulocken. Als Celimene ihr vorwirft, ihre Tugend lediglich vorzuspielen, stimmen das Bild, das sie von sich zeichnet, tatsächlich nicht mit ihren Taten überein. Durch die Rivalität zwischen den beiden Frauen sorgt ihr Aufeinandertreffen stets für eine angespannte Situation, da sie ihre Beleidigungen kaum verschleiern.

DIE MARQUIS

Die Kleinadligen Acast und Clitander sind zwei von Celimenes Bewunderern. Die beiden Marquis treten kaum auf und haben auch nur einen geringen Einfluss auf die Handlung. Vielmehr repräsentieren sie die Welt bei Hofe und deren Heuchelei.

INTERPRETATION

EINE MÄSSIGE KOMIK

Molière selbst zufolge ist *Der Menschenfeind* eine Komödie. Der Stil unterscheidet sich jedoch stark von der Volkskomik, die in seinen anderen Stücken zu finden ist. Zwar mangelt es nicht an komischen Elementen, diese werden jedoch von der Schwere anderer Aspekte überschattet.

In *Der Menschenfeind* kann zwischen unterschiedlichen Arten von Komik unterschieden werden:

- sehr zahlreiche Wortspiele (die in der deutschen Übersetzung jedoch, zumindest teilweise, verloren gehen)
- Situationskomik, auf der das ganze Stück schon deshalb beruht, weil Alcest, der so leidenschaftlich Ehrlichkeit und Aufrichtigkeit verteidigt, unsterblich in die heuchlerische, lästernde Celimene verliebt ist. Dies allein bringt den Zuschauer schon zum Lachen.

- satirisch klischeebelegte Figuren (die falsche Tugendhafte Arsenoë, die schöne Lästerin Celimene, der starrköpfige Alcest etc.)

Die Komik wird jedoch von einem bitteren Unterton ausgeglichen, den Alcest und seine Ausgrenzung mitbringen. So scheint Molières primäres Ziel nicht gewesen zu sein, die Zuschauer zum Lachen zu bringen, selbst wenn er mit seinen karikaturesken Figuren anprangert, wie lächerlich die höfischen Verhaltensweisen sind. Alcest, der sich zum Schluss komplett aus der Welt zurückzieht, gibt dem Stück vielmehr einen tragischen Anschein. Ein hervorragendes Beispiel dafür ist die letzte Szene, in der die Ankündigung der Hochzeit von Eliante und Philint – eine typische Schlussszene in einer Komödie – von Alcests Abreise in den Hintergrund gerückt wird.

Der Menschenfeind ist zwar eine Komödie, verlässt jedoch teilweise den für diese sonst konventionellen Rahmen.

DIE WELT DER HEUCHLER

Das Stück – und insbesondere die Figuren – werden von ihrem Standpunkt zur Heuchlerei bestimmt.

In der dargestellten Welt wird das Sozialleben komplett von Konventionen beherrscht. Celimenes Salon stellt somit quasi ein Abbild des Hofes dar, denn auch dort herrschen bestimmte Anstands- und Höflichkeitsregeln. Wer sich nicht an sie hält, wird, wie Alcest, ausgeschlossen.

Die Konventionen schreiben vor, unter allen Umständen höflich zu sein. Sie zwingen damit die Höflinge, ihr Gegenüber wertzuschätzen, selbst wenn dieses das nicht verdient, was zu teilweise übermäßiger Schmeichelei führt. In Celimenes Salon wird daher die Heuchelei gepflegt und Ehrlichkeit verhöhnt.

Bis auf Alcest befolgen alle Figuren den Konventionen von Celimenes Salon, wenn auch nicht mit der gleichen Hingabe. Zwischen Alcest, der sich dem Spiel der Heuchler komplett entzieht, und Celimene, die das Spiel anführt, finden sich zahlreiche Zwischenstufen auf der Skala der Heuchelei:

- Alcest lehnt die Welt der Konventionen kategorisch ab. Er weigert sich, sich an die Regeln zu halten und in den Kreis der Heuchler zu treten, wodurch er sich allerdings selbst ausschließt.

- Eliante und Philint verkörpern die Stimme der Weisheit. Sie scheinen die Heuchelei theoretisch nicht zu unterstützen, wissen aber, dass ihnen die Welt in der Praxis keine andere Wahl lässt. Ihre Haltung ist daher wertfrei und pragmatisch.
- Die Marquis und Oront halten sich an die Regeln, ohne sie zu hinterfragen.
- Arsinoë versucht die Heuchelei für sich einzusetzen und ihren Ruf zu beeinflussen, indem sie mit den Konventionen spielt. Es gelingt ihr nicht, Celimene aus ihrem „Revier" zu verdrängen.
- Celimene ist die Königin des Salons, um die alle anderen Figuren kreisen. Sie bestimmt die Regeln und meistert das Spiel der Heuchelei perfekt.

DAS GEWICHT DER SPRACHE

Heuchelei ist in diesem Stück eng mit Sprachgebrauch verbunden. Je nachdem, ob es sich um einen Verfechter der Heuchelei oder einem Verfechter der Ehrlichkeit handelt, wird der Sprache mehr oder weniger Gewicht zugeschrieben. So hat diese für Alcest einen Wert in sich, für die anderen ist ihr Gebrauch rein konventionell.

Die verwendete Geldmetapher erfüllt genau diese Funktion. In mehreren Textstellen werden Sprache und Geld einander gleichgesetzt, ausgehend von dem konventionellen Wert, der beiden zugesprochen wird. Philint ruft im ersten Auftritt des ersten Akts beispielsweise aus: „Wenn jemand uns mit Freundesgruß begegnet, / Dann mein' ich, daß man sich erkenntlich zeigt" und etwas eindeutiger: „Doch was die Offenheit zum Lohn erhält, ist meistenteils Verfolgung und Gelächter". Wie auch der Geldwert sind soziale Beziehungen also durch Konventionen festgelegt. Da diese Beziehungen durch Sprache bestimmt werden, spielt das Gewicht der Sprache eine Rolle.

Mit genau diesem Gewicht der Sprache beschäftigt sich Alcest in seinem Streben nach Ehrlichkeit. Dies zeigt sich deutlich, als er Oronts Sonett kritisiert (erster Akt, zweiter Auftritt). So sagt er: „Und jedes Wort darin ist Unnatur" und behauptet, dass Gedicht habe „nie den Sprachklang der Natur [vernommen]". Oronts Ausschweifungen gefallen Alcest nicht, weil er sie als unnatürlich empfindet. Eine solche sprachliche Kultivierung der Heuchelei kann

Alcest nicht für gut befinden, da Wörter für ihn präzise sein müssen, um ein einfaches Gefühl auszudrücken.

Ehrlichkeit und einfache Sprache sind für Alcest damit eng miteinander verbunden. Es ist also auch nicht verwunderlich, dass die heuchlerische Celimene sich so gewandt ausdrücken kann. Sie erhebt die Heuchlerei zu einer literarischen Kunst, wofür sie von den Höflingen bewundert wird.

DAS THEATER IM 17. JAHRHUNDERT

Das französische Theater des 17. Jahrhunderts wird nicht grundlos als klassisch bezeichnet. Es ist von einer Reihe Konventionen gekennzeichnet, die sowohl den Stil als auch die Aufführung betreffen. Betroffen sind ebenfalls Form und Inhalt.

Die Dramen bestehen meist aus fünf Akten, so auch *Der Menschenfeind*. Die wichtigste formelle Regel ist die der drei Einheiten:

- Einheit des Ortes: Die gesamte Handlung des Dramas muss sich an einem einzigen Ort abspielen. *Der Menschenfeind* spielt in Paris, im Salon von Celimene.

- Einheit der Zeit: Die Handlung des Stücks muss sich an einem Tag abspielen. Molière gibt in seinem Stück kaum Zeitangaben, einige Hinweise deuten jedoch darauf hin, dass auch diese Regel befolgt wird: Clitander sagt beispielsweise zu Beginn „Bis auf des Königs Schlafengehn / Wird kein Geschäft mich ihrem Dienst entreißen" (zweiter Akt, fünfter Auftritt) und Alcest sagt: „vermehren Sie es nicht, / Daß ich heut abend wiederum erscheine" (vierter Akt, vierter Auftritt).
- Einheit der Handlung: Es gibt nur einen Handlungsstrang. Dies ist in *Der Menschenfeind* der Fall, da Alcests Unnachgiebigkeit hinsichtlich der Laster seiner Zeit und dem Verhalten seiner Mitmenschen die gesamte Handlung lenken.

Jedes Theaterstück muss zudem die Regeln der Wahrscheinlichkeit („vraisemblance") und der Bienséance befolgen. Erstere bedeuten, dass auf der Bühne nur gezeigt wird, was auch im Alltag vorstellbar wäre. Die Bienséance bedeutet, dass nichts dargestellt wird, was den Zuschauer schockieren könnte. So kann zwar auf den Tod verwiesen werden, er sollte aber nicht auf der Bühne dargestellt werden. Das Theater sollte sich moralisch zeigen.

So wurden die Theaterstücke im 17. Jahrhundert auch auf die Einhaltung der Regeln überprüft. Bei Verstößen wurde das jeweilige Stück zensiert. Die Aufführung einiger von Molières Stücken, darunter *Tartuffe* (1664) und *Don Juan* (1665) wurde aus diesen Gründen verboten.

Die Kontrolle geschah jedoch auch auf subtilere Weise. In dieser Zeit war es nicht leicht, Autor, Schauspieler oder Regisseur zu sein. Der Bankrott von Molières Theatergruppe *L'Illustre Théâtre* ist dafür ein hervorragendes Beispiel. Um ihre Werke aufführen zu können, benötigten die Autoren und Theatergruppen in der Regel einen reichen Spender. Bis sie vom König entdeckt wurden und er sie förderte, profitierten Molière und seine Theatergruppe beispielsweise von der Unterstützung des Bruders des Königs. Natürlich hat die Unterstützung der Mächtigen auch einen Preis. Von Spenden zu profitieren bedeutete, den Geldgebern gefallen und ihre Regeln befolgen zu müssen. Somit übten die Gönner auch eine gewisse Form der Kontrolle aus.

SPÄTERE AUFNAHME

Der Schluss des Stücks ist relativ offen; Alcest gelingt es nicht, Celimenes Verhalten zu ändern (oder sich an die Konventionen anzupassen, für die er seine Aufrichtigkeit aufgeben müsste), und zieht sich aus der Welt zurück. Damit endet das Stück, ohne dass Molière über die weitere Geschehnisse Auskunft gibt. In literarischen Verarbeitungen des Stücks wird sich deshalb meist mit der Frage beschäftigt, ob Alcest sein Verhalten ändert und er wieder in die Gesellschaft integriert wird.

Das Originalstück gibt dafür nur wenig Hoffnung, zu sehr steht Alcest am Rand der Gesellschaft. Seine Ehrlichkeit ist so ausgeprägt wie die Heuchelei der anderen, wodurch er sich von ihnen stark unterscheidet. Dieser Gegensatz wird so auch in den meisten Inszenierungen übernommen. Alcest wird in der Regel als direkter, tugendhafter und sympathischer Mensch dargestellt, während Celimene lange dominant und boshaft dargestellt wurde, bis sie schließlich zu einer Frau geworden ist, deren einzige Waffe im Kampf gegen die Männer ihre Verführungskraft ist.

Im 18. Jahrhundert macht sich Molières Drama mit dem Schweizer Philosophen Jean-Jacques Rousseau (1712-1878) einen namhaften Kritiker. In seiner *Lettre à d'Alembert sur les spectacles* kritisiert Rousseau sowohl das Stück an sich, das seiner Meinung nach die eigentlich tugendhaften Absichten seiner Figuren ins Lächerliche zieht, als auch die Figur von Alcest, aus dem Molière einen Philanthropen hätte machen sollen, der sich für das Gute im Menschen einsetzt. Rousseau zufolge handelt es sich bei Alcest durchaus um einen Mann mit gutem Charakter, der jedoch ins Lächerliche verzerrt wurde. Er sei nicht verrückt, sondern Opfer seiner eigenen Erfahrungen. Laut Rousseau hasst Alcest vor allem die Heuchelei und die Bosheit seines Umfelds, nicht aber den Menschen an sich. Daraus schließt er, dass er kein Misanthrop bzw. Menschenfeind sei, sondern sowohl Philanthrop als auch ein Muster an Tugend. Diese Interpretation wird in vielen späteren Bearbeitungen aufgegriffen.

Dennoch teilen nicht alle Rousseaus Meinung. Der französische Schriftsteller und Anti-Rousseauist Jean-François Marmontel (1723-1799; er schrieb eine eigene Antwort auf die *Lettre*) bewahrt in seinem Buch *Misanthrope corrigé* (1765) Alcests Tugend. In diesem im Stile Molières verfassten Stück hat sich Alcest aufs Land zurückgezogen und tröstet sich über Celimene hinweg, indem er eine Liebschaft mit Ursule eingeht, der Tochter einer der Adligen des Dorfes. Diese Beziehung lässt ihn seine Meinung über die menschliche Beziehung überdenken. Er, der er die Menschen immer hasste, scheint diese langsam doch zu lieben. Zwar erhält er sich seine Tugendhaftigkeit, jedoch in einem weniger ausgeprägten Maße, da ihm seine übertriebene Ehrlichkeit nur selbst geschadet hatte. Doch jetzt hat die Tugend nichts Lächerliches mehr. Die Gesellschaft, in der er zuvor gelebt hat, hatte ihn tatsächlich zu einem Misanthropen gemacht.

Doch nicht alle Neuinterpretation des *Menschenfeinds* gönnen Alcest ein glückliches Ende. Die direkt an das Stück anknüpfende Fortsetzung *La Conversion d'Alceste* (1905) des französischen Schriftstellers und Dramaturgen Georges Courteline (1858-1929) ist wie Molières Stück in Alexandrinern verfasst. Alcest beschließt in diesem Stück, aus seinem Exil zurückzukehren. Eliante kommt nicht vor und Celimene, die

Alcest doch noch geheiratet hat, ist nun Philints Geliebte. Alcest ist entschlossen, sich seinen Mitmenschen gegenüber toleranter zu verhalten (dies ist seine Besserung), und lobt daher zunächst ein neues Sonett von Oront. Allerdings kann er sein eigentliches Temperament nicht lange unterdrücken und die beiden Männer streiten erneut, als Oront Alcest bittet, sein Werk in einer Zeitung zu veröffentlichen. Es kommt jedoch noch schlimmer, als Alcest bemerkt, dass sich Celimene nicht mehr für ihn interessiert, seit er sich geändert hat. Es hat ihm also nichts gebracht, sich als Philanthrop auszugeben. Der Misanthrop zieht sich erneut aus der Gesellschaft zurück, an die er sich nicht anpassen kann, und ist fest überzeugt, dass er hätte bleiben sollen, wo er gewesen war. Er versucht noch immer die Wahrheit in der Gesellschaft zu finden, die jedoch, so wie sie ist, nur mit einer gewissen Prise Heuchelei und Lüge funktionieren kann, um sich die Realität zu verschönen.

ZUM NACHDENKEN

FRAGEN ZUR VERTIEFUNG

- Interpretiere die Gemeinsamkeiten und Unterschiede, die zwischen den Paaren Celimene/Alcest und Eliante/Philint bestehen.
- Vergleiche die mäßige Komik in *Der Menschenfeind* mit der Volkskomik in *Scapins Streiche*. Welche großen Unterschiede kannst Du erkennen?
- Wen wollte Molière Deiner Meinung nach mehr ins Lächerliche ziehen, den Misanthropen oder die Höflinge?
- Viele von Molières Stücken sind eine Satire auf die Laster seiner Zeit. Vergleiche die Kritikpunkte in *Der Menschenfeind* mit denen in *Tartuffe*. Welche Ähnlichkeiten bestehen?
- Im klassischen Drama ist die Komödie meist weniger ernst als die Tragödie. Findest Du, dass dies auch auf *Der Menschenfeind* zutrifft? Begründe Deine Antwort.
- Einige Aspekte in *Der Menschenfeind* entsprechen eher einer Tragödie als einer Komödie. Ist

das Stück in diesem Sinne noch immer ein moralisches Stück, das sowohl Wahrscheinlichkeit als auch Bienséance einhält?

- Welche Rolle spielt Sprache in Alcests Kampf gegen die Heuchelei seiner Zeit? Alcest ist zwar unbestreitbar ehrlich, doch verhält er sich allen Leuten gegenüber gleich?
- Recherchiere, wie das Stück im Laufe der Jahrhunderte aufgenommen wurde. Welchen Schluss kannst Du daraus ziehen?
- Welche Szenen des Films *Molière auf dem Fahrrad* (2007) von Laurent Tirard sind Deiner Meinung von *Der Menschenfeind* inspiriert? Auf welche anderen Stücke spielt der Film an? Begründe Deine Antwort.

Deine Meinung ist uns wichtig!
Hinterlasse doch einen Kommentar auf der Seite
unser Online-Buchhandlung
und teile Deine Favoriten in den sozialen
Netzwerken!

DARÜBER HINAUS

HERANGEZOGENE AUSGABE

- Molière, Jean-Baptiste: *Der Misanthrop*. Aus dem Französischen von Ludwig Fulda. J.G. Cotta'sche Buchhandlung: 1921.

SEKUNDÄRLITERATUR

- Grimm, Jürgen: *Molière*. Metzler: Stuttgart 1984.
- Hösle, Johannes: *Molière. Sein Leben, sein Werk, seine Zeit*. Piper: München/Zürich 1987.

VERFILMUNG

- *Molière auf dem Fahrrad*. Film von Laurent Tirard, mit Romain Duris, Fabrice Luchini, Laura Morante. Frankreich 2007.
  Dieser Film ist strenggenommen keine Verfilmung von *Der Menschenfeind*. Er vermischt vielmehr biografische Elemente mit verschiedenen Aspekten unterschiedlicher Stücke. So gesehen werden in dem Film mehrere von Molières Stücken adaptiert, darunter auch *Der Menschenfeind*.

MEHR AUF DERQUERLESER.DE

- Boursoit, Johanne; Biehler, Johanna: <u>Der eingebildete Kranke von Molière (Lektürehilfe). Detaillierte Zusammenfassung, Personenanalyse und Interpretation</u>. Aus dem Französischen von Miriam Traub. Plurilingua Publishing: Brüssel 2018.

DER QUERLESER

iPad
19:14
Livres

LEKTÜRE HILFE
Der Fremde
Albert Camus

DER QUERLESER

LEKTÜRE HILFE
Das Parfum
Patrick Süskind

DER QUERLESER

LEKTÜRE HILFE
1984

derQuerleser.de
Literatur auf den Punkt gebracht!

www.derQuerleser.de

ISBN digitale Ausgabe: 9782808011778

ISBN gedruckte Ausgabe: 9782808015974

Pflichtexemplar: D/2018/12603/558

Cover: © Plurilingua

Logo: © Graphicrepublic (Freepik.com) und Plurilingua

In Zusammenarbeit mit Lucile Lhoste für das Kapitel „Spätere Aufnahme".

Digitale Aufbereitung: Primento, der digitale Partner der Herausgeber